글쓴이 김산하 · 그린이 김한민

산하와 한민은 커서도 한 방에서 오랫동안 같이 지냈어요.
여기저기에 동물 책과 인형이 놓여 있고 큼지막한 동물 그림이 벽마다 걸려 있는 방이었지요.
한쪽에서 형이 동물 공부를 열심히 하고 있으면 다른 쪽에선 동생이 동물 그림을 부지런히 그렸어요.
형제는 같은 곳에서 생활하고, 잠을 자면서 언제든지 작품에 대해 의견을 나누었어요.
함께하는 만큼 자원을 아낄 수 있어서 더욱 좋았어요. 옷을 서로 빌려 입고, 밥도 같이 해 먹고,
여름에도 에어컨을 틀지 않고 모기약은 하나만 켰어요.
일상생활 속의 작은 실천들이 바로 우리가 사랑하는 동물들을 돕는 길이라고 생각했거든요.
「STOP!」 시리즈는 여러 동물과의 만남을 통해서 어린이가 자연을 이해할 수 있도록
만들어진 책이에요. 환경 문제의 심각함에 대해 알고 매일의 생활에서 환경을 보호하기 위해
실천할 수 있는 방법을 알려 주기도 해요. 6권에서는 인간이 음식을 얻기 위해
환경에 어떤 영향을 끼쳤는지에 대해서 알아볼 거예요.

**❻ 환경을 살리는 건강한 먹을거리**

1판 1쇄 펴냄 2014년 11월 10일, 1판 4쇄 펴냄 2021년 9월 1일
글쓴이 김산하 그린이 김한민 펴낸이 박상희 편집주간 박지은 편집 김지호 디자인 김동휘
펴낸곳 (주)비룡소 출판등록 1994. 3. 17. (제16-849호) 주소 06027 서울시 강남구 도산대로1길 62 강남출판문화센터 4층
전화 영업 02)515-2000 팩스 02)515-2007 편집 02)3443-4318,9 홈페이지 www.bir.co.kr
제품명 어린이용 각양장 도서 제조자명 (주)비룡소 제조국명 대한민국 사용연령 3세 이상
ⓒ 김산하, 김한민, 2012. Printed in Seoul, Korea.
ISBN 978-89-491-5275-2 74490/ 978-89-491-5183-0(세트)

* 이 책은 자원의 순환과 환경 보호에 기여하기 위해 재생종이와 콩기름 잉크를 써서 만들었습니다.
책 뒤표지에는 한국간행물윤리위원회가 인증하는 녹색출판 마크를 실었습니다.
* 25쪽 사진은 토픽 포토 에이전시, 48쪽 사진은 연합뉴스에서 제공했습니다.

스톱! 주문을 외치면 시작되는 동물들의 과학 토크쇼

# "STOP!"

❻ 환경을 살리는 건강한 먹을거리

김산하 글 · 김한민 그림

비룡소

# 등장인물 소개

### 지니
동물 모자를 즐겨 쓰는 우리의 주인공! 동물들과 이야기할 수 있는 신비한 능력이 있어요. 주의는 좀 산만하지만 상상력으로 가득 찬 호기심 소녀죠. 언제 상상의 세계로 빠져 동물들과 이야기하고 있을지 몰라요. 이번에는 사라진 박사님을 찾아 가군과 함께 모험을 떠나요.

### 엘리
늘 지니와 함께하는 친구예요. 평범한 뱀 인형처럼 보이지만, 사실 엘리는 메두사의 머리카락 뱀 중 하나였어요.

## ★★★ 지니의 신비한 능력 ★★★

### 하나!
딱 5분 동안 무엇이든 멈출 수 있어요. 물론 "STOP!"이라고 주문을 외치는 걸 잊으면 안 되겠죠?

### 둘!
생명이 깃든 것과는 뭐든지 같이 이야기할 수 있어요! 지니가 그러는데요, 곤충들은 알고 보면 참 수다쟁이래요.

### 셋!
지니는 상상의 세계에서 마음껏 뛰어놀 수 있어요. 지니에게는 평범한 세상도 이렇게나 재미있어 보인답니다.

## 돌라

지니가 가장 좋아하는 영화배우이자 환경 보호에 앞장서는 인기 스타예요. 아버지와 함께 환경에 관한 책을 쓰기도 했어요. 지니가 동물들과 이야기할 수 있다는 사실을 알고 지니를 만나고 싶어 하지요.

## 가군

돌라의 아버지인 박사님이 키우던 실험용 생쥐예요. 옆 실험실에서 탈출해 박사님의 연구실로 들어간 뒤로 박사님과 함께 지냈어요. 박사님이 어떻게 사라졌는지 아는 유일한 목격자예요!

## 엄마

아빠가 자주 여행을 떠나기 때문에 지니는 엄마와 단둘이 있을 때가 많아요. 엄마는 동물을 썩 좋아하지는 않지만 지니를 위해서라면 어디든 함께 간답니다.

## 박사님

동물을 연구하는 학자예요. 환경 문제에 관심이 깊어서 딸 돌라와 함께 책을 쓰기도 했어요. 가군과 함께 백화점을 연구하던 중에 사라지고 말았어요.

# 제1화 백화점에서 숨바꼭질

오늘 지니는 기분이 아주 좋아요. 엄마랑 나들이하는 날이거든요. 시내에 있는 백화점에 가기로 지난주부터 약속을 했어요.

백화점에서는 지니가 가장 좋아하는 영화배우 돌라의 사인회가 열릴 예정이거든요. 돌라가 아버지와 함께 쓴 책의 기념 사인회이지요.

돌라의 아버지는 동물을 연구하는 유명한 환경 과학자예요. 돌라도 아버지처럼 환경과 동물 보호에 앞장서는 훌륭한 스타이지요.

지하철역에서 걸어 나온 지니는 눈이 휘둥그레졌어요.
그렇게 큰 건물은 처음 봤지요! 으리으리한 백화점이
꼭대기가 안 보일 정도로 높이 솟아 있었어요.

사람들의 목소리가 왁자지껄하게 들려왔어요.
돌라의 사인회가 벌써 시작되었나 봐요!
지니도 얼른 줄을 섰어요.

돌라가 다정하게 이름을 물었어요.

지니는 영문도 모른 채 고개만 끄떡였어요.
어느새 지니도 유명해졌나 봐요.

돌라는 잠깐 쉬기로 하고 사무실로 지니를 데려갔어요.
무엇인가 꼭 하고 싶은 말이 있는 눈치였어요.

돌라가 이상한 얘기를 했어요.
얼마 전 돌아가셨다던 돌라의
아버지가 실은 어느 날 갑자기
사라지신 거래요.
게다가 돌라의 아버지가
사라진 곳이 바로 이
백화점이라는 거예요!

"아버지의 비밀을 아는 친구가 있는데,
무슨 일이 일어났는지 말을 안 해.
네가 좀 물어봐 줄래?"
돌라가 부탁했어요.

지니는 떨리는 마음으로 수건을 들어 올렸어요.
그러자 뜻밖에도 상자 속에 자그마한 생쥐 한 마리가 웅크리고 있었어요.

"아빠가 키우던 실험용 생쥐 가군이야.
원래 옆 실험실에 있었는데, 어느 날 탈출해서
아빠 연구실로 들어왔대. 그때부터 아빠랑 같이
지냈지. 아빠가 얼마나 예뻐하시던지.
연구실에선 거의 가군하고만 지내셨어."

문을 열고 들어선 곳은 백화점의 커다란 식품 매장이었어요.
바구니랑 쇼핑 카트가 어지럽게 움직이고 있었죠. 가군은 온데간데없었어요.

4:05

"예? 그게 무슨 소리예요? 엘리는 아까……."

"이 친구가 먹은 먹이에 농약이 듬뿍 들었을 거라고. 농장에서 흔히 벌어지는 일이지. 곡식을 갉아 먹는 해충을 죽이려고 뿌린 농약이 결국 다른 동물들을 죽이는 거야."

"아이고, 애꿎은 동물만 고생이지."

"동물들은 농약을 안 씻고 먹어서 그런가요? 우리 엄마는 야채나 과일을 꼭 씻어 주거든요."

"허허, 날 따라와 봐. 뭐가 문제인지 설명해 줄게."

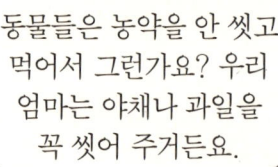

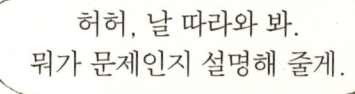

"농약이 논이나 연못의 물에 흘러 들어가면서 문제가 시작돼. 맨 먼저 플랑크톤이 농약을 먹어. 그럼 물속에 흩어져 있던 농약 성분이 먹이 사슬 안으로 들어와 퍼지게 되지."

"와!"

"물고기가 플랑크톤을 먹고, 오리가 물고기를 먹고, 독수리가 오리를 먹는 거야!"

문제는 이거야! 많은 종류의 농약이 물이 아닌 지방에만 녹는 성질이 있거든. 이 배를 좀 봐. 지방이 가득 차 있잖아. 바로 여기에 농약이 쌓이는 거야.

3:00

지방

농약은 몸속 지방에 계속 쌓이기만 하고 몸 밖으로 나오지를 않아요. 똥오줌으로도 안 나와요.

이것도 지방인가?

다른 동물을 먹으면 그 안에 쌓인 농약까지 먹는 거네요.

그렇지!

동물들이 농약을 모아 주는 거나 마찬가지야. 그래서 먹이 사슬 맨 끝에 있는 동물이 제일 위험하지. 모이고 모인 농약을 먹게 되니까.

먹이 사슬의 윗부분에 있는 경우가 많은 조류는 농약 때문에 죽거나 부리가 뒤틀린 채로 태어나곤 해요. 알껍데기가 너무 얇아져서 쉽게 깨지기도 하고요.

매, 물수리, 대머리독수리 등등 너나없이 죄다 당했어! 이 뱀도.

'수분'이란?

어떤 식물들이 열매를 맺기 위해서는 꽃에 다른 식물의 꽃가루가 묻어야 해요. 이것을 수분 또는 꽃가루받이라고 하지요. 벌은 꽃가루를 날라다 주는 역할을 한답니다.

*콜로니는 벌이나 개미처럼 생물이 한데 모여 생활하는 집단을 가리켜요.

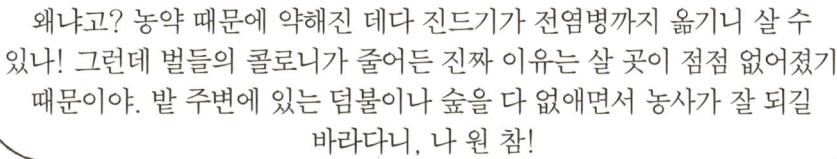
왜냐고? 농약 때문에 약해진 데다 진드기가 전염병까지 옮기니 살 수 있나! 그런데 벌들의 콜로니가 줄어든 진짜 이유는 살 곳이 점점 없어졌기 때문이야. 밭 주변에 있는 덤불이나 숲을 다 없애면서 농사가 잘 되길 바라다니, 나 원 참!

벌집에 전염병이 옮으면 일벌들이 애벌레나 먹이를 남겨 둔 채 갑자기 죽어 버려요. 결국 벌집 전체가 죽고 말지요.

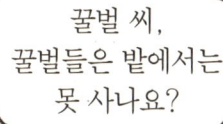
꿀벌 씨, 꿀벌들은 밭에서는 못 사나요?

예끼! 어른한테 '씨'라니! 이런 버르장머리 없는 녀석을 봤나!

자네 왜 이래.

신경 쓰지 마. 꿀벌이 안 좋은 기억이 나서 그래.
벌은 종류가 많아서 숲이나 땅속, 나무 구멍 등지에 사는데, 인간들이 숲이고 덤불이고 다 밭으로 만들어 버려서 살 곳이 없대. 게다가 이 밭엔 죄다 옥수수고 저 밭엔 죄다 밀뿐이니, 원. 여러 동물들이 살기 힘든 환경이야.

좀 진정하게나.

겉으로 보기에는 별것 아닌 수풀과 덤불도 실은 동물들이 살아가는 데 대단히 중요하단다. 들판 한가운데 있는 나무도 마찬가지고!

와, 진짜 시원하고 좋다!

EL Chivo
아르헨티나산
₩42,000

어때 시원하지? 나무 한 그루만 있어도 그 주변의 온도와 습도가 생물이 살기에 알맞게 조절돼. 새랑 박쥐가 나무에 쉬러 왔다가 씨앗을 똥과 함께 싸기도 해. 그러면 씨앗이 나무 아래서 싹을 틔우고 자라나지. 곤충이 나뭇잎에 살러 오고 도마뱀이나 개구리가 그 곤충을 먹으러 와. 들판 위에 동식물들의 휴게소가 생기는 거야!

잘 가, 또 놀러 와!

엘리도 이제 다 나은 것 같네요. 이만 가 볼게요.

# 밥상에서부터 환경 보호 시작하기

## 어떤 음식을 먹는지 알고 먹어요

즐거운 식사 시간에 잔소리를 듣고 싶지는 않겠죠? 하지만 꼭 일러 줄 것이 있어요. 우리가 올바르게 만들어진 음식이 무엇인지 알고, 어떤 음식을 먹을지 잘 선택해야 한다는 거예요. 반찬 투정을 하라는 얘기가 아니에요. 환경에 좋은 방법으로 기른 동식물로 만든 음식을 골라 먹자는 말이지요. 우리가 어떤 음식을 먹느냐 하는 것은 환경에 아주 큰 영향을 줄 수 있어요. 그래서 밥을 잘 먹는 것만으로도 환경을 지킬 수 있지요.

## 이왕이면 유기농 식품을 골라요

가장 빨갛고 신선해 보이는 사과가 건강에는 더 위험할 수 있어요. 농약은 벌레를 죽여 사과의 모양을 예쁘게 하지만 농약 성분이 남아서 벌레와 흙을 통해 생태계로 퍼져요. 모양이 좀 나쁘더라도 농약 성분이 없는 좋은 흙에서 스스로 큰 농작물이 가장 건강한 먹을거리예요. 이런 걸 유기농이라고 해요. 정성들여 기른 식품이라 소금 더 비쌀지도 몰라요.

# 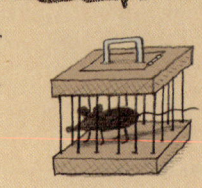 제2화 수상한 동물 회사

"이럴 때가 아니지. 빨리 가군을 찾아야 해!"
지니는 사라진 가군을 다시 찾기 시작했어요.

그때 한쪽에서 우당탕하는 요란한 소리가 들려왔어요.
비명 소리가 들리는 걸 보니 가군인 것 같았어요. 지니는 급히 달려갔습니다.

갑자기 나타난 생쥐 때문에 소동이 벌어지고 있었어요.
야단법석 끝에 누가 생쥐를 잡았어요. 가군이에요!

"또 본사에서 잘못 흘러 들어온 녀석이군.
당장 돌려보내야겠다."
제복을 입은 직원은 가군을 통에 넣어서 밖으로 나갔어요.

지니도 슬그머니 뒤따라갔어요.

바깥에는 승합차 한 대가 서 있었고,
직원은 출발할 준비를 하는 중이었어요.
지니는 직원이 등을 돌린 틈을 타
재빨리 짐칸에 올라탔어요!

곧 문이 쾅 닫히더니 부르릉 소리와 함께 차가
출발했습니다. 지니와 엘리의 가슴이 콩닥콩닥
뛰었어요. 가군은 바로 옆에 있는 플라스틱 통 속에
쭈그리고 앉아 있었어요!

"가군아, 너 여기 있었구나!
그렇게 도망 다니더니."

"지금 이 차가 어디로 가는지
알기나 해? 동물을 집단으로
사육하는 회사로 간단 말이야.
한 번 들어가면 절대 못 나와!"

그때 차가 속도를 늦추는가 싶더니 커다란 표지판이 나타났어요.
벌써 동물 회사에 도착한 거예요.

차는 어두컴컴한 차고에 들어가 멈춰 섰습니다.

뒷문이 덜컹 열리더니 직원이 가군과 여러 가지 물건을 챙겨 들고 사라졌어요.

어디로 간 거지?

엘리, 저기서 좀 이상한 냄새가 나지 않니? 왠지 동물들이 있을 것 같아!

문을 열고 들어간 지니는 깜짝 놀랐어요. 커다란 방 안은 수백 마리의 닭으로 꽉 차 있었어요. 닭똥 냄새가 진동하는 답답한 공기 때문에 숨 쉬기가 어려울 지경이었습니다.

작은 우리를 층층이 쌓아 올린 곳에서 가축을 기르는 방식을 가리켜 공장식 집단 사육이라고 해요.

닭들이 끌려가다니요?
여기서 사는 게 아닌가요?

여기서 사느니 어쩌면 끌려가는 게 나을지도 몰라.

좁은 우리에 갇혀서 죽을 때까지 알만 낳아야 하거든.
게다가 수탉은 태어나자마자 바로 꽥이야.

**우리에 갇힌 닭은……**

1. 날개를 펼치고 모래 목욕을 하는 등 닭이 원래 자연스럽게 하는 행동을 할 수 없다.

2. 서로 싸우지 못하게 한다는 이유로 부리를 잘라서 먹이를 잘 잡거나 삼키지 못한다.

3. 알을 낳으면 우리 밑으로 바로 떨어져서 품을 수가 없다.

알겠니? 여기서 사는 건 사는 게 아냐!
알을 많이 못 낳으면 죄다 어딘가로 끌려가.
다시 돌아온 닭은 한 마리도 없어!

아…… 그래서 아까 모두 깜짝 놀란 기고요.
직원이 데리러 온 줄 알고.

2:20

내가 가끔 숨는 곳인데, 여길 통과하면 어디든 갈 수 있어.

엇! 저기 봐요!

여기도 동물들이 많이 있네요. 작은 방에 따로따로 있어요.

응. 각자 다른 실험에 쓰이니까 따로따로 있는 거야. 특히 원숭이는 사람과 비슷해서 온갖 약을 실험해.

마카크 원숭이들은 원래 여럿이 모여 사는 동물인데 저렇게 한 마리씩 가둬 놓았어.

1:55

좁은 우리에 갇혀 혼자 있으면 너무 외로울 것 같아요.

외롭고말고. 그래서 성격이 비뚤어지고 이상한 행동을 하는 거야. 저 원숭이 보여? 지금 자기 허벅지를 물잖아. 갇혀 있어서 겁이 나는데 도망갈 수가 없으니 불안해서 나오는 행동이야.

우리에 홀로 갇혀 지내는 마카크 원숭이의 10퍼센트 이상이 자기 몸을 물어요. 이런 이상 행동은 엄마 품에서 자라고 친구들과 같이 지내면 대부분 없어져요.

원숭이가 갇힌 우리는 뒷벽을 앞뒤로 움직일 수 있게 되어 있어요. 원숭이에게 주사를 놓거나 피를 뽑을 때 뒷벽을 최대한 앞으로 당겨 원숭이가 꼼짝 못하게 만들어요.

## 가축과 실험동물 도와주기

### 놓아먹인 가축의 고기와 달걀을 먹어요

고기는 공장에서 나오는 게 아니에요. 살아 있는 동물을 오랫동안 키워야 얻을 수 있지요. 그런데 동물을 몹시 고통스럽게 키우는 농장도 있어요. 동물이 몸을 못 움직이게 해서 살만 찌우는 거예요. 우리가 먹는 값싼 고기는 보통 이렇게 만들어져요. 동물들의 고통을 덜어 주려면, 우선 고기를 너무 많이 먹지 말아야 해요. 그리고 자연에 풀어서 키운 소, 닭, 돼지의 고기를 먹는 것이 좋아요.

### 동물 실험으로 만든 제품은 쓰지 않아요

의약품의 효과를 알아보기 위한 실험에 쓰는 동물을 실험동물이라고 해요. 약이나 화장품을 만들면 사람이 쓰기 전에 정말 안전한지 동물에게 실험하곤 하거든요. 많은 실험동물이 좁은 우리에서 실험을 당하며 살아요. 하지만 꼭 동물 실험을 해야 약을 만들 수 있는 것은 아니에요. 잘 찾아보면 동물 실험을 하지 않은 약도 있어요. 그러니까 앞으로 약이나 화장품을 살 때 그냥 사지 말고 잘 살펴봐요. 동물에게 고통을 준 것은 쓰지 않으면 좋겠죠? 동물도 자기 삶이 있으니까요.

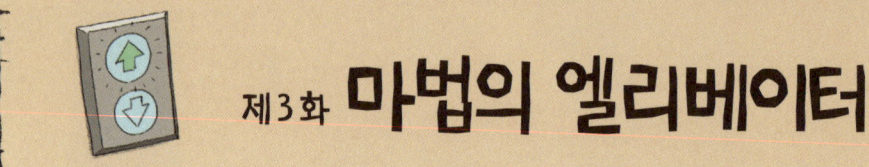
# 제3화 마법의 엘리베이터

지니와 가군은 때마침 출발하려는 차에 무사히 올라탔습니다.
운전사는 전혀 눈치채지 못했어요.

닭고기 상자 안에 몸을 숨긴 지니는 가군에게 물었어요.

"박사님은 언제부턴가 이 백화점을 조사하셨어. 뭔가 수상하다고 하시면서. 백화점에 들어오는 물건들이 '환경친화적'이지 않았던 거지."

가군은 환경을 망가뜨리는 방식으로 만들어진 물건이나 음식에 대해 설명해 주었어요. 박사님한테 배워서 그런지 가군은 모르는 게 없어 보였어요.

"그러던 어느 날이었어. 백화점에서 조사를 하던 중에 이상한 문을 발견한 거야. 박사님은 그 문으로 들어가시더니…… 다시 나오질 않으셨어."

37

덜컹! 차가 멈추고 문이 열리는 소리가 났어요. 모두 꼼짝 않고 숨죽여 기다렸어요.

누군가가 상자를 꺼내 들고 어딘가로 향했어요.

앞으로, 옆으로, 위로 들썩들썩 움직이더니……

이윽고 멈추었습니다.

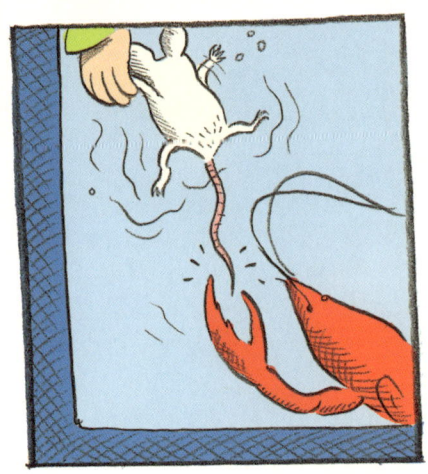

4:05

바다 동물들이 가장 무서워하는 게 바로 그물이야. 바다 밑바닥까지 긁어서 뭐든지 닥치는 대로 잡아가거든.

나 같은 가재나 물고기는 물론이고 바다거북, 상어, 물개, 돌고래, 하늘을 나는 앨버트로스도 그물에 걸려!

어업에 쓰는 큰 그물은 비행기 13대가 들어갈 수 있을 정도로 커요!
긴 낚싯줄에는 바늘이 수천 개씩 달려 있고 길이는 수십 킬로미터나 되지요!

정말이야?

음, 박사님이 늘 강조하셨지. 사람들이 바다에서 나는 생물은 끝이 없다고 생각하는지 너무 많이 잡는다고 말씀하셨어. 더 큰 문제는 잡은 것의 반 이상을 버린다는 거야! 게다가 어부가 원래 잡으려고 했던 동물이 아니면 죽은 채로 다시 바다로 내버려져.

3:30

맞아. 그래서 배가 한번 지나가면 죽은 동물들이 둥둥 떠다닌다고.

바다 동물을 그렇게 마구잡이로 잡는 줄은 몰랐어. 정말 미안해······.

네가 왜 미안하니? 마구 잡는 어른들이 문제지.

저 꼬마 좀 봐. 물고기한테 말을 걸어!

먹을 만큼 적당히 잡으면 괜찮은데 너무 많이 잡는 게 문제야. 특히 우리 참치들 말이야.

깜짝 놀랐어요! 참치는 정말 몸이 크군요.

45

*참치는 알을 낳으려고 해수면 가까이로 올라오기 때문에 위에서 내려다 보면 눈에 잘 띄어요.

1:10

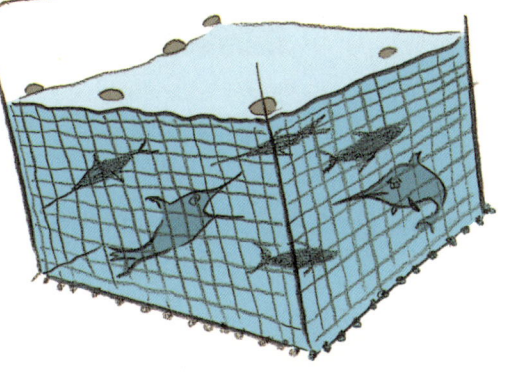

아, 참치 농장은 참치를 쉽게 얻으려고 인간들이 생각해 낸 방법이야.

옛날에는 어린 참치는 안 잡았는데……. 이젠 새끼까지 다 잡아서 바닷가에 우리를 지어 가둬 놓고 키워. 키워서 잡아먹으려고 말야. 참치들은 평생 갇혀 지내다가 죽는 거야.

어린 물고기까지 잡으면 자라서 새끼를 낳을 기회가 없어지기 때문에 물고기 수는 점점 줄어들어요.

## 바다의 생물 자원 아끼기

### 해산물도 야생동물이에요

대부분의 해산물은 바다에서 사냥을 해서 잡은 야생 동물이에요. 사람이 오랫동안 길러 온 가축과는 달라요. 밥상에 육지 야생 동물이 올라왔다고 생각해 봐요. 곰이나 사슴을 반찬으로 먹지는 않잖아요? 물고기, 오징어, 게 모두 바다에 사는 야생 동물이라는 것을 기억해요.

### 해산물을 마구잡이로 먹지 않아요

바다가 아무리 넓다 해도 끝은 있답니다. 바닷속에 사는 물고기도 마찬가지예요. 너무 많이 잡으면 아예 없어질 수도 있어요. 실제로 거의 멸종된 물고기도 있지요. 그러니까 마음대로 양껏 잡아먹으면 안 돼요. 특히 해산물 뷔페는 좋지 않아요. 해산물을 너무 많이 먹게 되니까요. 그리고 해산물은 빨리 상하기 때문에 많이 버리게 되거든요. 그러니까 바다를 생각하며 만든 착한 참치 캔 등을 먹는 게 좋아요.

이윽고 지니와 가군은 아무도 없는 구석에 도착했습니다.
짐이 잔뜩 쌓여 있는 어둑어둑한 곳이었어요.

바로 여기야! 박사님은 저 뒤에 있는 문으로 들어가셨어.

이 수레를 옆으로 치워야겠어.

지니와 가군은 힘을 합쳐 수레를
밀기 시작했어요.

지니야! 너 어디 갔었니?
얼마나 걱정했는지 알아?

엄마와 돌라가 헐레벌떡 나타났어요.
엄마는 하루 종일 지니를 찾아다니느라
몹시 지치고 화가 나 있었습니다.

돌라가 어리둥절한 엄마에게
자초지종을 설명해 주었어요.

엄마와 돌라의 이야기는 끝날 것 같지 않았어요.
엄마는 하고 싶은 질문이 무척 많아 보였지요.

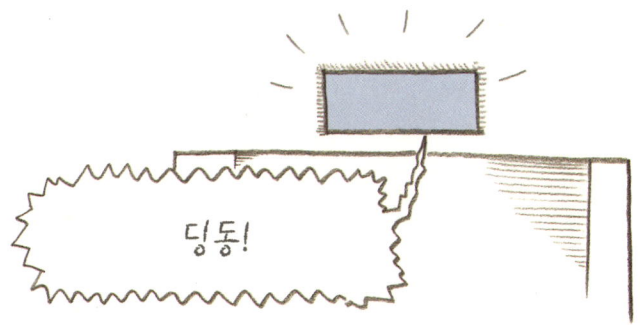

그때 갑자기 '딩동' 하는 소리가 나고
엘리베이터 문이 열렸습니다.

"앗! 어떡하지?"

결정의 순간이 왔어요. 마법의 엘리베이터가 눈 앞에서 기다리고 있었어요.

엄마가 손 쓸 새도 없이 지니는 엘리베이터 안으로 들어갔어요.
문이 닫히고 지니는 박사님을 찾아 알 수 없는 여행을 시작했습니다.

가군, 근데 이거
어디로 가는 거야?

몰라, 나도 안 타 봤어!

왜 이리 어둡지……

7권으로 이어집니다. ➡

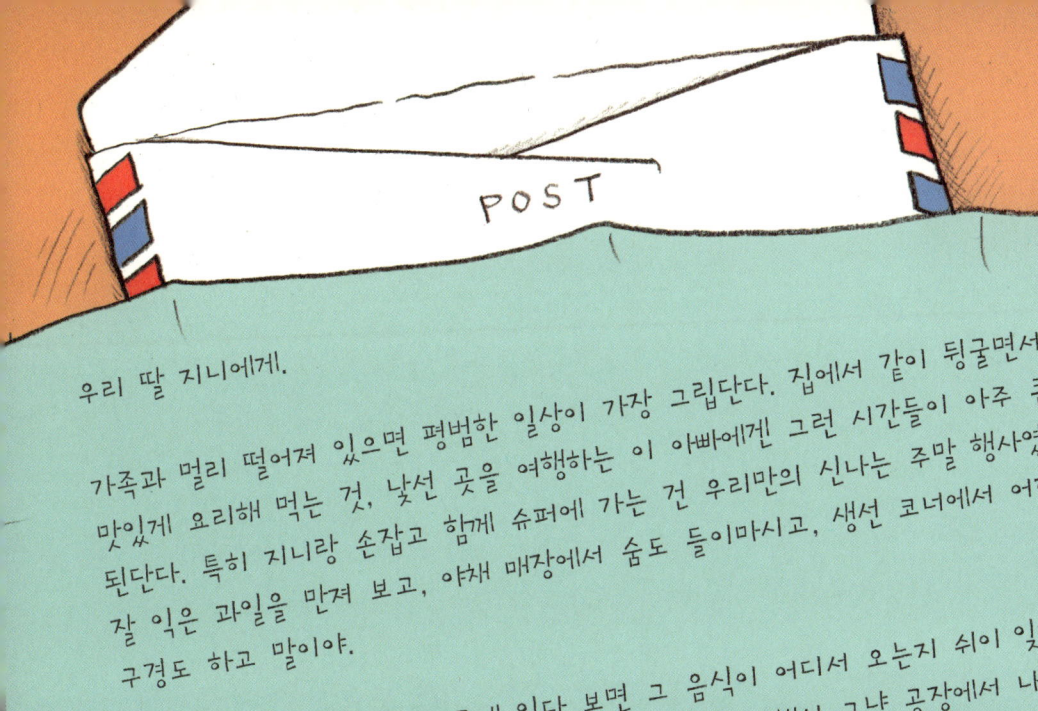

우리 딸 지니에게.

가족과 멀리 떨어져 있으면 평범한 일상이 가장 그립단다. 집에서 같이 뒹굴면서 놀고 맛있게 요리해 먹는 것, 낯선 곳을 여행하는 이 아빠에겐 그런 시간들이 아주 큰 힘이 된단다. 특히 지니랑 손잡고 함께 슈퍼에 가는 건 우리만의 신나는 주말 행사였지! 잘 익은 과일을 만져 보고, 야채 매장에서 숨도 들이마시고, 생선 코너에서 어항 구경도 하고 말이야.

그런데 먹을거리가 풍족한 곳에 있다 보면 그 음식이 어디서 오는지 쉬이 잊게 되는 것 같더구나. 비닐이나 병에 예쁘게 포장되어 있다고 해서 그냥 공장에서 나온 물건이 아니거든. 지구 어딘가의 흙에서 길러지고, 햇빛을 받아 자란 다음에 결국 슈퍼까지 왔다는 걸 기억해야 해. 동물도 마찬가지지. 한 마리의 병아리가 어엿한 닭으로 크기까지 긴 시간이 흘러야 아이들이 그렇게나 좋아하는 치킨이 되는 거야.

얼마 전에 중앙아메리카에 있는 코스타리카란 나라에 갔단다. 열대 우림 속에 온갖 야생 동물이 툭툭 튀어나와 계속해서 정신없이 즐거운 시간을 보냈지. 어느 날 우연히 숲 바깥으로 산책을 나갔다가 충격을 받았어. 사방이 온통 바나나뿐이었거든! 알고 보니 그 숲은 끝도 없는 바나나 농장의 바다 한가운데 있는 작은 초록색 섬이었단다. 우리가 별 생각 없이 먹던 바나나가 실은 동물과 밀림을 없애고 얻은 거라니……

이제 아빠는 밥 먹을 때마다 생각한단다. 이 음식이 우리의 환경에 피해를 주진 않는지 말야. 그리고 지구가 나 때문에 너무 고통 받지 않도록 내가 할 수 있는 만큼 노력한단다. 먹을 때 먹더라도 다른 동물과 식물 친구를 늘 생각하는 것은 우리 지니의 멋진 특기지?

— 사랑하는 아빠로부터

**작가의 말**

# 환경 파괴, 이제 그만 STOP!

평소에 즐겨 찾던 공원에 갔더니 느닷없는 굉음이 들려옵니다. 놀라서 달려가 보니 뭔가를 크게 파헤치는 공사가 한창입니다. 한쪽에서는 우거졌던 수풀이 사라지고 다른 한쪽에는 로봇처럼 생긴 운동 기구들이 설치되었습니다. 그러지 않아도 작은 공원인데 더 작아지게 생겼습니다.

우리가 직접 대하는 환경조차 언제나 위협받고 있습니다. 그렇다면 당장 눈앞에 없는 머나먼 산과 들판, 바다는 과연 어떨까요? 아마존의 밀림이 매일 축구장만 한 넓이씩 없어지고, 유조선이 침몰해서 유출된 원유 때문에 물고기가 떼죽음을 당했다는 소식이 좀처럼 끊이지 않습니다. 빙하가 녹는데도 그저 지켜보는 수밖에 없는 것만 같습니다.

그래도 희망은 있습니다. 전 세계에서 수많은 사람들이 함께 힘을 모아 움직이고 있습니다. 여전히 환경 파괴는 계속되고 있지만, 그에 못지않게 멸종 위기에 처한 동물을 살리고, 숲을 보호하고, 환경친화적으로 살기 위한 사람들의 노력도 이어지고 있습니다. 과학자들은 지금부터라도 자연을 생각하며 생활 방식을 조금씩 바꾸면 지구를 살릴 수 있다고 얘기합니다. 하지만 모두가 동참하지 않으면 이룰 수 없습니다.

어린이 여러분의 도움이 절실히 필요합니다. 어른들의 세상에서 어린이들은 할

수 있는 것이 아무것도 없다고 느낄지도 모릅니다. 실제로 어린이가 아무리 노력해도 크기 전까지는 세상에 영향을 미칠 수 없는 일이 많이 있습니다. 하지만 환경 문제는 다릅니다. 누구나 밥을 먹고, 물건을 사고, 자동차를 타기 때문에 누구나 환경을 파괴하는 행동을 줄일 수 있습니다. 어른을 돕는 정도가 아니라, 어린이가 리더가 되어 지구를 구할 수 있습니다.

기름야자로 만든 팜유가 들어간 식품을 먹지 않으면 열대 우림을 살릴 수 있고, 전기를 조금만 아껴 쓰면 지구 온난화를 줄일 수 있습니다. 엄마에게 모피를 입지 말자고, 아빠에게 코끼리 상아 장식품은 사지 말자고 말할 수 있습니다. 환경 문제에 대해서는 어른들도 어린이들의 말에 귀 기울일지 모릅니다. 나이가 어려도 전 세계에 좋은 일을 할 수 있다는 것. 정말 멋지지 않나요?

「STOP!」 시리즈는 과학적 연구 결과에 근거하여 만들어진 동물들의 이야기입니다. 1~5권에서는 동물의 행동과 생태를 다루고, 6~9권은 환경 파괴로 일어난 문제를 동물의 시각에서 탐구합니다. 아이들이 동물에 대한 애정과 관심을 가지고, 환경 파괴 문제를 제대로 알고, 나아가 환경 보호를 실천할 수 있도록 만든 책입니다. 이제 아이들부터 외칠 수 있기를 기대해 봅니다.

환경 파괴, 이제 스톱!

### 「STOP!」 만화로 배우는 동물 과학 그림책

동물들이 말을 할 수 있다면 얼마나 좋을까요? 동물들에게 궁금한 걸 직접 물어볼 수 있을 테니까요. 우리의 주인공 지니는 바로 그런 특별한 능력이 있어요. 지니가 "스톱!" 하고 외치는 순간 뻐꾸기가 왜 다른 새의 둥지에 알을 낳는지, 개미가 왜 진딧물을 도와주는지, 비비원숭이의 엉덩이는 왜 빨간지 동물들이 스스로 이야기해 주기 시작한답니다.

이처럼 「STOP!」 시리즈는 동물의 행동과 생태에 관해서 꼭 알아야 할 주제만을 골라 동물들에게 직접 설명을 듣고, 더 나아가 자연과 환경에 대해서도 생각하게 만드는 책이에요. 이 책을 읽다 보면 동물들과 자연환경에 대한 정보와 지식을 누구보다 많이 알 수 있어요. 뿐만 아니라 자연과 사람의 관계, 사람과 동물의 서로 다른 입장을 이해하는 균형 잡힌 생각도 가질 수 있어요.

「STOP!」 시리즈는 총 9권으로 구성되어 있습니다. 1~5권에서는 동물들이 살아가는 방식을 다룹니다. 1권 『동물들이 함께 사는 법(공생과 기생)』, 2권 『동물들의 가족 만들기(짝짓기와 생식)』, 3권 『동물들이 이야기하는 법(신호와 의사소통)』, 4권 『동물들의 먹이 사냥(먹이 사슬)』, 5권 『동물과 더불어 살기(동물 이웃)』로 나누어져 있어요. 6~9권에서는 환경 문제가 동물들에게 어떤 영향을 주는지 알아봅니다. 6권 『환경을 살리는 건강한 먹을거리(식량 생산이 생태계에 미치는 영향)』, 7권 『사라지는 열대 우림 구하기(생활용품과 밀림의 관계)』, 8권 『더워지는 지구 지키기(지구 온난화)』, 9권 『세계 환경 회의와 동물 대표(환경 보호)』로 나누어져 있어요.

이 시리즈를 읽으면 동물들이 왜 특이한 행동을 하고, 환경의 파괴로 얼마나 고생하고 있는지 알 수 있습니다. 이제부터 집 뒤뜰의 뻐꾸기 둥지에서부터 남아메리카 아마존의 울창한 열대 우림까지, 전 세계 구석구석으로 신나는 동물 탐험을 떠나 볼까요?